BEI GRIN MACHT SICH IHR WISSEN BEZAHLT

Bibliografische Information der Deutschen Nationalbibliothek:

Die Deutsche Bibliothek verzeichnet diese Publikation in der Deutschen National-
bibliografie; detaillierte bibliografische Daten sind im Internet über http://dnb.d-
nb.de/ abrufbar.

Impressum:

Copyright © 2019 GRIN Verlag
Druck und Bindung: Books on Demand GmbH, Norderstedt Germany
ISBN: 9783346120878

Dieses Buch bei GRIN:

https://www.grin.com/document/515169

Christoph Bohnsack

Gesundheitsorientiertes Krafttraining. Makro- und Mesozyklus

GRIN Verlag

GRIN - Your knowledge has value

Der GRIN Verlag publiziert seit 1998 wissenschaftliche Arbeiten von Studenten, Hochschullehrern und anderen Akademikern als eBook und gedrucktes Buch. Die Verlagswebsite www.grin.com ist die ideale Plattform zur Veröffentlichung von Hausarbeiten, Abschlussarbeiten, wissenschaftlichen Aufsätzen, Dissertationen und Fachbüchern.

Besuchen Sie uns im Internet:

http://www.grin.com/

http://www.facebook.com/grincom

http://www.twitter.com/grin_com

Deutsche Hochschule für

Prävention und Gesundheitsmanagement

Hermann Neuberger Sportschule 3

66123 Saarbrücken

Einsendeaufgabe

Fachmodul: Trainingslehre 1

Studiengang: Fitnessökonomie

Datum
Präsenzphase   18.02.2019 – 21.02.2019

Name, Vorname: Bohnsack, Christoph

Studienort: Düsseldorf

Semester: Wintersemester 2018

Inhaltsverzeichnis

1.   Diagnose

Für die gezielte und somit für den Kunden individuell optimale Trainingssteuerung ist es erfor-
derlich eine Diagnose durchzuführen. Hierzu werden alle notwendigen, allgemeinen und bio-
metrischen Daten gesammelt. Dazu gehören Alter, Geschlecht, Größe, Gewicht etc. Ebenfalls
werden Daten zur Trainingsmotivation, eventuellen Beschwerden oder Medikamentierungen
gesammelt.

1.1.   Allgemeine und Biometrische Daten

Tab.1: Allgemeine und Biometrische Daten (eigene Darstellung)

Daten der Person	Datenwerte
Alter	38
Geschlecht	männlich
Körpergröße	1.85 Meter
Körpergewicht	95 Kilogramm
Trainingsmotivation	- Allgemeine Fitness verbessern - Körperformung - Beschwerden im oberen Rücken
Berufliche Tätigkeit	Bürokaufmann
Sportliche Aktivitäten	- Trifft sich einmal im Monat zu Bowling - Motorrad fahren
Blutdruck	137/ 88 mmHg nach RR
Pulswert	89 Schläge pro Minute
Allgemeiner Gesundheitszustand	Keine internistischen oder orthopädischen Be-schwerden vorhanden Ebenfalls keine regelmäßige Einnahme von Medikamenten
Körperfettanteil	22,00%
Gesundheitliche Einschränkung	Keinerlei gesundheitliche Einschränkungen vorhanden

1.2.   Bewertung der Allgemeinen und Biometrischen Daten

Der Kunde weist einen systolischen Blutdruckwert von 137mmHg nach R.R. und einen diasto-
lischen Blutdruckwert von 88mmHg auf. Vergleicht man diese Werte mit der Blutdruckklassifikation der American Heart Association so stellt man fest, dass die Blutdruckwerte sich im
hoch normal Bereich befindet und somit unbedenklich für Krafttraining ist.

Tab.2: Blutdruckklassifikation der American Heart Association (modifiziert nach Mancia et al., 2013, S. 1286)

Bewertungsstufen	Systolischer Blutdruck	Diastolischer Blutdruck
Normblutdruck (Normotonie)		
optimal	unter 120 mmHg	unter 80 mmHg
normal	unter 130 mmHg	unter 85 mmHg
hochnormal	130-139 mmHg	85-89 mmHg
Bluthochdruck (arterielle Hypertonie)		
Stufe 1	140-159 mmHg	90-99 mmHg
Stufe 2	160-179 mmHg	100-109 mmHg
Stufe 3	> 180 mmHg	> 110 mmHg

Der Pulswert von 89 Schlägen pro Minute ist in der Betrachtung unbedenklich. Zwar liegt der theoretische Ruhepuls bei 60-80 Schlägen pro Minute, allerdings wurde hier nicht der Ruhepuls, sondern der Tagespuls festgestellt. Dieser kann um bis zu 10 Schläge nach oben vom Ruhepuls abweichen. Weiter muss man bedenken, dass der Kunde sich in einer für ihn neuen Umgebung befindet und dadurch ebenfalls eine Erhöhung des Pulswertes zu erklären ist.

Der allgemeine Gesundheitszustand des Kunden zeigt, dass er bislang keine internistischen oder orthopädischen Vorfälle hatte. Weiter ist er frei von Erkrankungen und aktuell auch nicht in ärztlicher Behandlung. Der Kunde nimmt keinerlei Medikamente. Was seinen allgemeinen Gesundheitszustand betrifft, bestehen keine Einschränkungen die zu beachten wären. Somit ist er voll sportfit.

Der Körperfettanteil des Kunden liegt bei 22%. Dieser wurde mit einer Einfrequenz-Segment-Körperanalysewaage festgestellt und dokumentiert.

Tab.3: Einteilung des Körperfettanteils

Alter (Jahre)	Frauen				Männer			
	niedrig	normal	hoch	sehr hoch	niedrig	normal	hoch	sehr hoch
20–39	< 21 %	21–33 %	33–39 %	≥ 39 %	< 8 %	8–20 %	20–25 %	≥ 25 %
40–59	< 23 %	23–34 %	34–40 %	≥ 40 %	< 11 %	11–22 %	22–28 %	≥ 28 %
60–79	< 24 %	24–36 %	36–42 %	≥ 42 %	< 13 %	13–25 %	25–30 %	≥ 30 %

Betrachtet man nun das Alter des Kunden, liegt er mit 22% in einem für ihn zu hohen Bereich. Der festgestellte Körperfettanteil ist kein Hinderungsgrund im Bezug auf Krafttraining, sondern dem Kunden kann Krafttraining dabei helfen den Körperfettanteil zu verringern und wie vom Kunden gewünscht seinen Körper zu formen.

Bei Betrachtung der Schmerzen im Rücken gab der Kunde an das es sich um einen, im Verlauf des Tages steigernden, Schmerz handelt. Dieser steigt an auf einen Schmerzwert von 6 auf der nummerisch analogen Skala für Schmerzempfinden (NAS). Aus Sicht der sportlichen Eignung für Krafttraining ist diese Beschwerde unbedenklich. Durch gezieltes Krafttraining und Stärkung der Muskulatur im betreffenden und Umliegenden Bereich können die Schmerzen mit hoher Wahrscheinlichkeit sogar gesenkt werden. Somit liegt auch hier keine Einschränkung vor.

1.3. Krafttestung

Zur Krafttestung stehen hier verschiedene Möglichkeiten zur Verfügung. Die Häufigsten Möglichkeiten stellen hier der 1- RM Test, der X-RM Test, oder das Nutzen der Borgskala dar. Bei dem oben genannten Kunden wird eine Belastungssteuerung nach der Borgskala durchgeführt. Im weiteren Verlauf des Trainings wird ein Mehrwiederholungstest (X-RM-Test) durchgeführt. Dies wird folgendermaßen begründet:

Da der Kunde noch nie Krafttraining betrieben hat und somit auch nicht über die motorische Koordination für die sichere Durchführung der Übungen mit hohem Gewicht besitzt wird sich gegen den 1-RM Test entschieden. Generell ist bei Personen mit geringer Leistungsfähigkeit die Durchführung zwar möglich, allerdings hat dies eine sehr hohe Belastung für die Person zur Folge. Um zu vermeiden, dass es zu einer überhöhten mechanischen und/oder psychischen Belastung und somit zur Demotivation oder zu Verletzungen kommt, wird der Kunde über das subjektive Belastungsempfinden gesteuert.

Hierzu wird die Belastungseinschätzung nach der Skala von Borg gewählt. Bei diesem Kunden wird die Intensität des subjektiven Belastungsempfindens zu Beginn des Trainings auf 15-16 gesetzt. Dies entspricht einer Intensität, die der Kunde als anstrengend empfindet.

Um sicher zu stellen, dass sich der Kunde nicht konstant unter- oder überschätzt wird im Verlauf des Trainings ein Mehrwiederholungstest (X-RM Test) durchgeführt. Dieser kann auch bei Kunden mit geringer Trainingserfahrung sicher durchgeführt werden und erleichtert das richtige Einschätzen der eigenen Belastbarkeit. Der X-RM Test wird mit 8 Wiederholungen pro Satz durchgeführt werden. Wenn der erste Satz mit 8 Wiederholungen mit Leichtigkeit absolviert worden ist, kann der nächste Satz nach subjektivem Empfinden um 5%, 10% oder 25% gesteigert werden (Eifler, 2018, S.126/127). Die Pausen zwischen den Sätzen betragen je 30 Sekunden.

1.4. Testdurchführung

Die Reihenfolge der Übungen im Test wird der Reihenfolge des späteren Trainingsablaufes entsprechen. Hierbei gibt es zu beachten, dass Übungen für große Muskelgruppen vor Übungen für kleineren Muskelgruppen ausgeführt werden. Mehrgelenkige Übungen vor eingelenkigen Übungen. Vor dem Test sollte der Proband ein Aufwärmprogramm absolvieren. Dies dient gerade bei Trainingsbeginnern nicht nur der Erwärmung der Muskulatur, sondern in erster Linie dem mentalen Einstimmen auf das folgende Muskeltraining. Nach dem Aufwärmen beginnt die Testphase. Wichtig ist außerdem von Anfang an mit der richtigen Bewegungsgeschwindigkeit zu trainieren. Bei diesem Kunden mit einer Time under tension von 2/0/2. Das heißt, zwei Sekunden exzentrische Bewegung, kein statisches haltend am Umkehrpunkt und zwei Sekunden konzentrische Bewegung (Eifler, 2018, S. 255/256).

Das Ziel des Tests ist es, dass die letzte der 8 Wiederholungen geradeso sauber ausführbar ist.

Die erste Übung ist die Beinpresse horizontal sitzend. Hier schaffte der Kunde in seinem ersten Testsatz 110 kg. Im zweiten Testsatz schaffte der Kunde 120 kg. In seinem dritten Testsatz schaffte der Kunde 130 kg. Somit ist das Ergebnis bei der Beinpresse horizontal sitzend 130 kg.

Bei dem Beinbeuger schaffte der Kunde im ersten Testsatz 30 kg. Im zweiten Testsatz schaffte er 35 kg und im dritten Testsatz schaffte der Kunde 40 kg. Somit lautet das Ergebnis 40 kg am Beinbeuger.

Die dritte Übung ist die Brustpresse sitzend. Hier schaffte der Kunde im ersten Testsatz 60 kg .Im zweiten Testsatz schaffte er 65 kg und im dritten Testsatz beendete der Kunde nach 6 Wiederholungen mit 70 kg. Das Ergebnis ist 65 kg.

Die vierte Übung ist der Upper Back Zug. Hier schaffte der Kunde im ersten Testsatz 30 Kg. Im zweiten 35 Kg und im dritten 40 Kg. Somit ist hier das Ergebnis 40 Kg.

Beim Latzug zur Brust hat der Kunde im ersten Testsatz 40 kg geschafft. Im zweiten Satz schaffte er 45 kg. Im letzten Testsatz hat der Kunde 50 kg in. Das Ergebnis ist 50 kg bei dem Latzug.

Die nächste Übung ist die Bauchmaschine. Im ersten Testsatz schaffte der Kunde 20 kg. Im zweiten Testsatz schaffte er 25 kg und im dritten Testsatz schaffte der Kunde 30 kg. Das Ergebnis lautet für die Bauchmaschine 30 kg.

Die letzte Übung ist die Rückenstrecker. Im ersten Testsatz hat der Kunde 45 kg geschafft. Im zweiten Satz schaffte er 50 kg und im dritten Testsatz beendete der Proband nach 5 Wiederholungen mit 55 kg. Das Ergebnis ist 50 kg bei Rückensteckmaschine.

Tab.4: Testergebnisse eigene Darstellung

Testübung	Wiederholung	Testsatz 1	Testsatz 2	Testsatz 3	Ergebnis
Beinpresse	8	110 Kg	120 Kg	130 Kg	130 Kg
Beinbeuger	8	30 Kg	35 Kg	40 Kg	40 Kg
Brustpresse	8	60 Kg	65 Kg	/	65 Kg
Upper Back Zug	8	30 Kg	35 Kg	40 Kg	40 Kg
Latzug	8	40 Kg	45 Kg	50 Kg	50 Kg
Bauchma-schine	8	20 Kg	25 Kg	30 Kg	30 Kg
Rückenstre-cker	8	45 Kg	50 Kg	/	50 Kg

Tab.5: Grobraster zur Trainingsplanung nach der ILB-Methode (Studienbrief Trainingslehre I, S. 185, 2019)

Leistungsstufe	Zeit (Monate)	Orgaform	Einheiten / Woche	Übungen / Muskel	Sätze / Übungen	Intensität in % ILB
Orientierungs-stufe	0 bis 1,5	GK	2	1 bis 2	1 bis 2	gering
Beginner	1,5 bis 6	GK	2	1 bis 2	1 bis 2	50 - 70
Geübter	6 bis 12	GK	2 bis 3	1 bis 2	2	60 - 80
Fortgeschritte-ner	Über 12	GK / Split	3 bis 4	1 bis 3	2 bis 3	70 - 90
Leistungstrainie-render	Über 36	GK / Split	3 bis 6	1 bis 4	2 bis 4	80 - 100

2. Zielsetzung und Prognose

Mit dem Kunden wurden im Gespräch drei Trainingsziele festgelegt. Zwei der Ziele befinden sich im mittelfristigen Bereich und ein Ziel im langfristigen Bereich. Da der Kunde bislang nie Krafttraining betrieben hat wir sein kurzfristiger Erfolg schon alleine daraus gegeben sein, dass er in regelmäßigen Abständen die Gewichte der vorgegebenen Übungen erhöhen wird und die Übungen ihm allgemein schnell leichter fallen werden. Dies wird erklärt durch die in den ersten Wochen stattfindenden Verbesserung der Übungsausführung und dem besseren muskulären Zusammenspiel der beteiligten Muskeln. Somit ist eine kurzfristige Motivation des Kunden gewährleistet.

Der Kunde hat sich beim Erheben der allgemeinen Daten über Schmerzen im Bereich des oberen Rückens mit einem Wert von maximal 6 auf der NAS geäußert. Als mittelfristiges Ziel sollen die Schmerzen im Rücken innerhalb von den ersten 3 Monaten auf einen Schmerzwert von 2 bis 3 gesenkt werden. Dies ermöglicht dem Kunden ein deutlich erhöhtes Wohlbefinden auf der Arbeit und im Alltag.

Ebenfalls als angestrebtes Ziel soll der Körperfettanteil des Kunden, in drei Monaten um 2-3 % gesenkt werden. Aktuell liegt er bei 22%. Diesen Wert auf 19-20% zu senken, würde für den Kunden eine Verbesserung der Körperform zur Folge haben. Ebenfalls würde es ihn in einen, für sein Alter entsprechend normalen Bereich des Körperfettanteils bringen, wie in Tab. 3 ersichtlich ist. Dies entspricht dem vom Kunden geäußerten Wunsch der Körperformung. Dieses Ziel rein über das Gewicht des Kunden zu steuern hätte keinen Sinn, da durch Krafttraining Muskulatur aufgebaut wird. Die angegebenen 2-3% Reduzierung des Körperfettanteils in drei Monaten ist für einen Kunden der nie Sport betrieben hat recht sicher zu erreichen und fördert somit auch seine langfristige Motivation, da eine Körperfettreduktion um 250-500 g pro Woche nach Eifler (2019, S. 42) als realistisch anzusehen ist.

Der Kunde gab als weitere Trainingsmotivation an seine allgemeine Fitness verbessern zu wollen. Dieses Ziel ist nur eingeschränkt messbar und wird deswegen an der Verringerung des Blutdrucks vorgenommen. Der Kunde liegt mit 137/88 mmHg nach R.R. in einem hoch-normalen Bereich. Eine Senkung des Blutdrucks um 8-10 mmHg in der Systole und um 4-6 mmHg in der Diastole, innerhalb von 6 Monaten, wird hier als realistisch angesehen. Mit dieser Senkung des Blutdrucks läge der Kunde in einem, für ihn normalen Bereich. Durch dieses langfristig gesetzte Ziel ist auch die Motivation über eine längere Dauer beim Kunden berücksichtigt.

3. Trainingsplanung Makrozyklus

Makrozyklus ist eine langfristige Trainingsplanung für das Krafttraining. Dieser wird unterteilt in mehrere Mesozyklen. Nach Eifler (2018, S. 35) umfasst der Makrozyklus je nach Trainingszielen und Leistungsniveau eine Dauer von mehreren Monaten bis zu einem Jahr.

Tab.6 Trainingsplanung des Makrozyklus

	umfangsorientiertes Krafttraining		Intensitätsorientiertes Krafttraining		
Mesozyklus	6 Wochen	6 Wochen	6 Wochen		6 Wochen
Trainingsziel	Kraftausdauertraining	Kraftausdauertraining	Übergangstraining		Muskelaufbautraining
Organisationsform	GK/Station	GK/Station	GK/Station		GK/Station
Einheiten pro Woche	3	3	3		3
Übungen/Muskelgruppe	1 bis 3	1 bis 3	1 bis 3	X-RM Test	1 bis 3
Sätze/Übung	2	3	3		3
Wiederholungen	20	15	12		8
Satzpause	60 Sek.	60 Sek.	60 Sek.		60 Sek.
Intensität	Borg-Skala 15-16	Borg-Skala 15-16	Borg-Skala 15-16		50% - 70%

3.1. Begründung

Da es sich bei dem Kunden um eine Person handelt die noch nie Krafttraining betrieben hat, wird sich für eine progressive Belastungssteigerung entschieden. Den Anfang bilden hier zwei Zyklen Kraftausdauertraining um den Kunden an die neuen Bewegungen, die Übungen, die Belastung und das Training generell zu gewöhnen. Gerade zu Beginn darf bei Trainingsbeginnern die Belastung nicht zu hoch angesetzt werden, um eventuelle Verletzungen oder Trainingsfehler zu vermeiden. Aus diesem Grund wird in den ersten Zyklen mit dem subjektiven Belastungsempfinden des Kunden gearbeitet.

Zur Organisationsform kann gesagt werden, dass für diesen Kunden, Ganzkörpertraining an Stationen die optimale Methode darstellt. Der Kunde hat 3 Trainingseinheiten pro Woche. Somit kann er seinen gesamten Körper trainieren ohne sich zu überlasten. Würde man mit ihm einen Splitplan trainieren, das heißt nur bestimmte Muskelgruppen innerhalb eines Trainings, wäre der Belastungsreiz für die Muskelgruppe mit einem Mal Training pro Woche zu wenig. Dies würde keine Anpassungsreaktion des Körpers zur Folge haben.

Zur Periodisierung. Der Makrozyklus des Kunden umfasst 24 Wochen. Diese sind in 4 Meso-zyklen unterteilt. Innerhalb der ersten drei Zyklen wird zwar mit derselben subjektiven Belas-tungsintensität gearbeitet aber da konstant die Wiederholungszahlen reduziert werden heißt dies trotz allem eine Steigerung der Belastung. Demnach kann hier von einer linearen Periodisierung gesprochen werden. Die ersten beiden Zyklen dienen hier der Gewöhnung und werden deswe-gen mit hoher Wiederholungsanzahl und vergleichsweise geringer Last absolviert. Der dritte Zyklus bildet die Vorbereitung auf das intensivere Muskelaufbautraining.

Nach 18 Wochen folgt dann der 8-RM Test zur genauen Bestimmung der Belastungswerte.

Der vierte Zyklus bildet den Beginn des Muskelaufbautrainings. Hier wird die Belastung über die ILB-Methode gesteuert. Hier ist die Intensität ist am größten, deswegen ist dieser nach Kraftausdauer und dem Übergangstraining an der Reihe. „Die Maximalkraft stellt die höchst-mögliche Kraft dar, die das Nerv-Muskel-System bei maximaler willkürlicher Kontraktion aus-zuüben vermag" (Weineck, 2004, S. 237). Dies fördert auch die drei genannten Ziele des Kun-den.

4. Trainingsplanung Mesozyklus

Tab.7 Trainingsplanung des vierten Mesozyklus

Leistungsstufe der Person: Beginner	Trainingseinheiten pro Woche: 3
Organisationsform: GK- Training	Trainingsziel: Muskelaufbautraining
Dauer des Zyklus: 6 Wochen	Sätze pro Übung: 3
Übungen pro Muskelgruppe: 1 bis 2	Pausen zwischen den Sätzen: 60 Sekunden
Bewegungstempo/ bzw. TUT: 2 - 0 - 2	Wiederholungen: 8

Der vierte Mesozyklus des Kraftausdauertrainings ist auf 6 Wochen angesetzt und beinhaltet je drei Trainingseinheiten pro Woche. Jede Muskelgruppe wird mit eine bis drei Übungen die in drei Sätzen mit 8 Wiederholungen durchgeführt. Zwischen den Sätzen werden Pausen von je 60 Sekunden eingelegt. Die Bewegung wird zwei Sekunden exzentrisch, ohne Halten am Umkehrpunkt, sowie zwei Sekunden konzentrisch durchgeführt. Die Intensität wird hier im Bereich von 50% - 70 % des 8- RM Tests angesetzt.

Tab.8 Trainingsplanung des Mesozyklus

Übung	Wdh.	ILB-Test	Woche 1 50% ILB	Woche 2 55% ILB	Woche 3 60% ILB	Woche 4 65% ILB	Woche 5 70% ILB	Woche 6 70% ILB
Beinpresse	8	130 Kg	65 Kg	70 Kg	75 Kg	85 Kg	90 Kg	90 Kg
Beinbeuger	8	40 Kg	20 Kg	22,5 Kg	25 Kg	25 Kg	27,5 Kg	27,5 Kg
Brustpresse	8	65 Kg	32,5 Kg	35 Kg	40 Kg	42,5 Kg	45 Kg	45 Kg
Upper Back Zug	8	40 Kg	20 Kg	22,5 Kg	25 Kg	25 Kg	27,5 Kg	27,5 Kg
Latzug	8	50 Kg	25 Kg	27,5 Kg	30 Kg	32,5 Kg	35 Kg	35 Kg
Bauchma-schine	8	30 Kg	15 Kg	15 Kg	17,5 Kg	20 Kg	20 Kg	20 Kg
Rückensteck-maschine	8	50 Kg	25 Kg	27,5 Kg	30 Kg	32,5 Kg	35 Kg	35 Kg

4.1. Begründung der Übungsauswahl

Der Trainingsplan umfasst sieben Maschinen. Mittlerweile ist der Kunde in seinem vierten Trainingszyklus und mit den Maschinen vertraut. Trotzdem fällt er aufgrund der, noch kurzen Trainingsdauer, weiter unter Beginner.

Mit geführten Maschinen können die Übungen sauberer und sicherer ausgeführt werden. Durch die individuell an den Kunden angepasste Einstellung der Maschinen kommt es zu einer deutlich geringeren Übungsvarianz. (Eifler, 2018, S. 187) Innerhalb des Trainingsplans werden alle wichtigen Muskelgruppen des Körpers trainiert. Der Rücken des Kunden wird mit 3 Übungen besonders in den Vordergrund gestellt, da dies dem verringern der Schmerzen durch gezielten

Muskelaufbau dienen soll. Der Bauch wird lediglich mit einer gezielten Übung trainiert, da er bei den anderen Übungen zu Stabilisierung mitverwendet wird. Vor dem Training wird ein leichtes Aufwärmprogramm durchgeführt. Dies dient, wie schon erwähnt mehr dem Fokussieren auf das Training.

Beinpresse und Beinbeuger

Die erste Übung ist die Beinpresse. Hierbei handelt es sich um eine komplexe, mehrgelenkige Übung für eine große Anzahl Muskelgruppen. Die Beinpresse ist eine optimale Übung für den gesamten unteren Bewegungsapparat. Da der Kunde im Büro arbeitet, sitzt er den ganzen Tag und hat wenig Bewegung in den Beinen was sehr schlecht für den Herz-Kreislauf sein kann. Bei der Beinpresse wird das Herz-Kreislaufsystem sofort beansprucht. Der größte Teil der Muskulaturarbeit wird vom M.quadriceps femoris geleistet, der für die Kniestreckung verantwortlich ist. Die ischiocruale Muskulatur, M. glutaeus maximus und M. bicps femoris, caput longum bewirken bei der Übung eine Hüftstreckung und sind auch an der Bewegungsausführung beteiligt (Eifler, 2018, S. 188).

Als zweite Maschine folgt die Beinbeugemaschine sitzend, die die ischiocrurale M. biceps femoris und M.gastrocnemius stärken soll, um eine Dysbalance zwischen M. quadriceps femoris und M. biceps femoris zu verhindern (Eifler, 2018, S. 186). Wenn man Agonisten und Antagonisten nicht gleichmäßig trainiert, kann es zu Verletzungen des schwächeren Antagonisten kommen.

Brustpresse sitzend

Nach den beiden Beinübungen, kommt eine Übung für die Brustmuskulatur. Die Brustpresse ist eine mehr gelenkige Übung für den Oberkörper. Bei der Brustpresse werden Articulatio humeri und Articulatio cubiti belastet.

Diese Übung wäre auch im Freihantelbereich möglich, aber da der Kunde ein Beginner ist, ist Freihantelbereich zu anspruchsvoll für Ihn.

Die Brustpresse ist eine nicht so große Herausforderung, wie das Freihanteltraining und ist für den Probanden geeignet. Die Brustpresse trainiert dynamisch M. deltoideus, pars clavicularis, M. triceps brachii, M. trapezius und M. pectoralis major (Eifler, 2018, S.143).

Upper Back Zug

Upper Back Zug wurde für den Kunden mit ins Programm genommen um gezielt seine Nacken und obere Rückenmuskulatur zu stärken. Diese Übung trainiert hauptsächlich M. deltoideus, M. trapezius, pars desc., M.trapezius, pars transversa. Diese Muskeln zu stärken ist eines der vorrangigen Ziele bei diesem Kunden.

Latzug vertikal zur Brust

Als nächstes folgt der Latzug. Die Oberschenkel sind fest fixiert. Der Oberkörper befindet sich unter einer Zugvorrichtung und wird leicht in Rücklage gebracht. Der Blick richtet sich nach vorn. Hauptbeteiligte Muskeln bei dynamischer Übung sind hierbei der M. latissimus dorsi, der M. teres major, der M. trapezius, pars ascendens, der M. deltoideus,pars spinata, der M. biceps brachii, M. brachialis und M. brachioradialis

(Eifler, 2018, S. 141). Der Latzug ist eine gute Übung für den Beginner, um den oberen und mittleren Rücken zu kräftigen. Da der Kunde Rückenprobleme hat,

muss er diese Übung ausführen um seine Rückenmuskulatur zu stärken.

Bauchmaschine

Als nächstes folgt die Bauchmaschine. Die hierbei trainierten Muskeln sind M. rectus abdominis, M. obliquus externus abdominis, M. obliquus internus abdominis und M. transversus abdominis. Dies ist für den Kunden nützlich, da er bei dieser Übung auch seinen Rumpf stabilisieren muss. Durch die Zusatzgewichte kann hier die Belastung exakter dosiert werden. Die Übung ist koordinativ anspruchsvoll, da das bewusste Einrollen des Oberkörpers gegen das Polster sehr viel Bewegungsgefühl erfordert (Eifler, 2018, S. 94)

Rückenstreckmaschine

Als letztes erfolgt die Kräftigung der unteren Rückenmuskulatur durch die Rückenstreckmaschine. Dies ist eine eingelenkige Übung, die die Streckung des Rückens verlangt. Die dynamisch beteiligte Muskulatur ist dabei der M. erector spinae. (Eifler, 2018, S. 93). Bei dieser Übung wird der Rückenstrecker isoliert dynamisch trainiert. Das ist ein Vorteil für den Kunden, da er ein Beginner ist und hier häufig Beschwerden aufgrund zu schwacher Muskulatur bestehen.

5.   Literaturrecherche

Nachfolgend wird sich mit den Effekten des Krafttrainings bei Diabetes mellitus Typ-2 befasst und zwei Studien, in zwei Tabellen dargestellt.

Die erste Studie befasste sich mit dem Thema Langzeiteffekte eines 6-monatigen Krafttrainings in Kombination mit Reha-Sport bei Diabetes mellitus Typ 2 (Zeissler, et al., 2009).

Die zweite Studie befasste sich mit dem Thema Different types of resistance training in type 2 diabetes mellitus: effects on glycaemic control, muscle mass and strength (Egger, et al., 2012).

Tab.9: Darstellung der ersten Studie Krafttraining mit Reha-Sport

	Studie 1
Autor	- Zeissler, S.; Hellmann, S., Bauer, P., Streicher, H., Walscheid, R., French, T., Rechner, M., Hillebrecht, A.; - Institut für Gesundheitssport und Public Health; Universität Leipzig; Sportmedizin, JL- Universität Gießen; MVZ für Laboratoriumsmedizin Koblenz; Faculty of Physical Education and Sports, Comenius University, Bratislav, Slovakia
Erscheinungsjahr	2009
Versuchspersonen	55 Personen mit Typ 2 Diabetes
Versuchsaufbau	Die Personen wurden in zwei Gruppen aufgeteilt. Gruppe 1: absolvierte zweimal pro Woche einen Kraft-Ausdauer-Zirkel mit anschließendem Placebo-Reha-Sport-Training (5 min Gehen und Gesprächskreis). (Kontrollgruppe) Gruppe 2: trainierte ebenfalls zweimal pro Woche den selbigen Kraft-Ausdauer-Zirkel mit anschließendem zertifizierten internistische, Reha-Sport-Training. Kraft-Ausdauer-Zirkel wurde von beiden Gruppen mit zwei Serien durchlaufen. Die Testdauer betrug 18 Monate. An 19 Probanden erfolgte eine Follow-Up-Messung mit der Variablen HbA1c, Rumpfflexion,-extension, BMI. Für den Follow-Up-Zeitraum gab es keine Trainingsvorgaben.
Schlussfolgerung	*HbA1c = Glykohämoglobin (Blutzuckerwert) Durch eine intensiv betreute sechsmonatige Kraft-Ausdauersport-Intervention lassen sich verschiedene Stoffwechsel- und Leistungsvariablen auch langanhaltende positive Effekte nachweisen. Der Effekt eines internistischen Reha-Sports sollte daher bei verändertem Trainingsprotokoll weiter untersucht werden, um eine optimale Therapie für Patienten mit Diabetes mellitus anbieten zu können. Der HbA1c Wert veränderte sich von 7.00 auf 6.89 innerhalb des 6-monatigen Interventionszeitraumes sowie nach 18-monatigen Interventionsende. Der HbA1c Wert änderte sich von 6.69 auf 6.86 innerhalb des 6-monatigen Interventionszeitraumes sowie nach 18-monatigen Interventionsende.

Tab.10 Darstellung der zweiten Studie Different types of resistance training

	Studie 2
Autor	- Egger A., Niederseer D., Diem G., Finkenzeller T., Ledl-Kurkowski E., Forstner R., Pirich C., Patsch W., Weitgasser R. and Niebauer J.; - University Institute of Sports Medicine, Prevention and Rehabilitation, Paracelsus Medical University Salzburg, Austria; University Insti16 tute of Radiology, Paracelsus Medical University, Salzburg; University Hospital, Clinic of Endocrinology and Diabetology, Paracelsus Medical University, Salzburg;
Erscheinungsjahr	2012
Versuchspersonen	32 Personen mit Typ 2 Diabetes
Versuchsaufbau	Trainiert wurde nach zufälliger Auswahl entweder in einem 8-wöchigen HRT- (2 Sätze pro Übung mit 10-12 Wiederholungen bei 70% der 1–RM maximalen Anstrengung) oder einem 8-wöchigem ERT-Trainingsprogramm (2 Sätze pro Übung mit 25-30 Wiederholungen bei 40% der 1-RM maximalen Anstrengung). Zusätzlich hatte jede Person Aerobic Training, je eine Stunde pro Tag an zwei nicht aufeinander-folgenden Tagen in der Woche
Schlussfolgerung	Nach acht Wochen gab es keine Gruppeneffekte für reduzierte Glukose und Fruktoseaminspiegel, sowie Gewicht, BMI, Taillenumfang, Bauchfett, Ruhe-Herzfrequenz, systolischen und diastolischen Blutdruck. Die Muskelmasse der Arme und die körperliche Bewegungskapazität wurden deutlich erhöht. Außerdem stieg die Maximalkraft der Brust beim HRT stärker an als beim ERT. Die Blutzuckerwerte, Taillenumfang, Gewicht, Muskelmasse und die körperliche Leistungsfähigkeit zeigten keine Unterschiede zwischen den Trainingsmethoden. Somit kann jeder nach seinen eigenen Vorlieben die Trainingsmethode auswählen.

6. Literaturverzeichnis

Eifler, C. (2018). *Studienbrief Medizinische Grundlagen*. Saarbrücken: Deutsche
    Hochschule für Prävention und Gesundheitsmanagement.

Eifler, C. (2018). *Studienbrief Trainingslehre I*. Saarbrücken: Deutsche Hochschule für
    Prävention und Gesundheitsmanagement

Weineck, J. (2004). *Optimales Training: Leistungsphysiologische Trainingslehreunter*
    besonderer Berücksichtigung des Kinder- und Jugendtrainings. Balingen: Spit   ta
Verlag.

7. Abbildungs- und Tabellenverzeichnis